Made in the USA
San Bernardino, CA
12 February 2020

64378893R00058